Círculo Rojo

Poemas del silencio

POEMAS DEL SILENCIO

Noelia Pinedo Cruz

Círculo Rojo
EDITORIAL

Primera edición: septiembre 2025

Depósito legal: SE 1615-2025

ISBN: 979-13-7023-364-8
Impresión y encuadernación: Editorial Círculo Rojo

© Del texto: Noelia Pinedo Cruz
© Maquetación y diseño: Equipo de Editorial Círculo Rojo

Editorial Círculo Rojo
www.editorialcirculorojo.com
info@editorialcirculorojo.com

Impreso en España - Printed in Spain

Índice

Inútil 13

¿Sentir? 14

Vivir para amar 15

Camino inolvidable 16

No es seguro seguir 17

No quiero cumplir riesgos 18

Amor 19

Admito el dolor 20

Hay veces que duele amar y ser amado 21

Quema 22

Dolor de invierno 23

Mi mundo se cae a pedazos 24

Quiero quedarme contigo 25

Qué es el dolor en realidad 26

Sabores indispensables 27

Síntomas sientomenos 28

Sesión juzgable 30

Lágrimas 31

¿Qué es querer? 32

Beso 33

Dolor perpetuo 34

Control 35

La realidad 36

Complaciente 37

¿Por qué no? 38

Labios 39

Saber lo incomprensible 40

Suficiente para... 41

Depresión 43

Esperando 44

¿SOS y ayuda? 45

Volver a creer 46

El cajón 47

Celos inquietos 48

Tiempo perdido 49

El tiempo lo dirá 50

Verte ir con el tiempo 51

Cansancio acumulado 52

La otra 53

Actos de amor 54

Oblitus 55

Perdida en mí 56

Prioridades 57

Sirve de algo el tiempo 58

Confianza al confiado 59

Culpa 60

Inseguridad 61

Cooperación 62

Pérdida 63

Amor sin medida 64

Ignorar lo inevitable 65

Beneficio de la duda 66

La última galleta 67

No me culpes por sentir 68

Lágrimas de dolor 69

No hay atardecer sin una lágrima de luna 70

La coraza indestructible 71

Pedacitos de mi alma 72

Me congelé esperando 73

El querer es un sinfín de emociones 74

Cuando llueve y no se escucha 75

Adolorida 76

Culpable 77

Exigir el elixir 78

Ruido negro 79

Abrazos fríos...80

Lágrimas emergentes...81

Lágrimas de dolor..82

Arreglo 83

Fidelidad 84

Bola de pelo 85

Creer las mentiras..86

Mamá..87

Corazón desbordado..88

Envidia buena..89

El tiempo hace el tiempo..90

Acepto mi derrota 91

Volver..92

Destellos oscuros...93

¿Alguna vez me amaste?...94

La esfera de lágrimas..95

No puedo más 96

Dedicatoria 97

Inútil

Inútil es una palabra que resuena en mi cabeza constantemente.
Y que todo el mundo, ¿no? No con palabras, sino con hechos.
¿Por qué siento eso?
¿Será que lo soy?
¿Tendrán razón?
Por qué, si me quieren, me dicen eso,
me lo insinúan y hasta me lo proponen.

¿Sentir?

Sentirse mal está bien, pero sentirse mal por sentir está mal.
Esconder los sentimientos porque
«es lo que se debe hacer» es malo,
pero sentir con los 5 sentidos y con toda tu alma está bien.
A veces me gustaría no sentir nada, todo sería tan fácil...
Pero lo fácil aburre.
A todos nos gusta lo complicado,
nos atrae conseguir algo que no podemos tener.
Siento ser intensa, pero no debería, porque es la única manera
que tengo de querer; y si no la quieres, tampoco a mí.
Quiero aplastar mis mariposas y decirles que se queden quietas,
como mis sentimientos, pero, igual que los sentimientos, no pue-
do controlar las mariposas que son inevitables de sentir.

Vivir para amar

Probablemente, si en ese momento
me hubieras dado un abrazo, hubiera sobrevivido
a aquella selva de emociones que interrumpen mis días.

Pero, en cambio, un roce me hace sentirme segura porque siempre
me he conformado con poco y he querido mucho sin límites.

A la vez que eso, podría decir que soy fría, sin una raya limitadora
que me diga que soy yo la que importa, no más que los demás.

Quiero poder expresar cada lágrima de mi interior
para poder acabar con este dolor. Quiero poder cambiar
mi pasado para poder cambiarme a mí con él. Pero no soy yo
mi pasado ni mi presente, no soy ni yo sin mis defectos.

Camino inolvidable

Entonces, esperé y esperé,
pero cuando menos me lo esperaba, ya te había perdido,
y ya era demasiado tarde.
Ahora, cuando mire a través de mí, te veré
y te diré que no formaste parte de mí.
Tú me dirás: «¿Por qué?», y yo te responderé:
«Tú me rompiste en mil pedazos,
esperando que yo hiciera lo mismo.
Te cansaste y, en vez de eso, te llené de mi amor.
Y tú no lo viste suficiente y lo volviste a hacer.
Pero esta vez yo ya no estaba allí».

Gracias a esas llamadas a mi puerta de mi pequeña, yo
pude ver el final del camino quejumbroso
y mirar atrás y llorar,
porque las experiencias te hacen más fuerte,
pero nunca las olvidas.

No es seguro seguir

No puedo decirte «te quiero» porque seguro que se me atraganta entre todas las cosas que tengo temor a decir, porque querer poco no es suficiente y querer mucho te aleja. Nunca he sabido cómo querer, y tampoco ser amada. Puede ser que en toda mi vida nunca lo haya sabido, pero siempre he pensado que sí, que nunca lo sabré. Solo sé que ahora no sé ni cómo me siento ni por él ni por mí.

No quiero cumplir riesgos

No quiero cumplir riesgos porque sé que no me va a amar,
no quiero cumplir riesgos porque sé lo que va a pasar,
no quiero cumplir riesgos porque sé que me va a dejar,
no quiero cumplir riesgos porque un día no lo voy a saber manejar,
no quiero cumplir riesgos que quizás me vayan a costar,
no quiero cumplir riesgos porque la última vez que los cumplí se
volvieron contra mí,
no quiero cumplir riesgos porque ya no sé qué siento,
no quiero cumplir riesgos porque a veces es más fácil,
no quiero cumplir riesgos...

Amor

El amor nunca se rige por normas,
pero nunca conocí a alguien así. Cuando nos hablamos por
primera vez, realmente no sabía que esa sería la mejor decisión.

Pero el futuro no puedo controlar.
Tampoco el corazón, que late más rápido cuando te ve.
Nunca se cuestionan los sentimientos, pero sí cuestiono
el destino por no haber cruzado antes nuestros caminos.

Tengo apuntadas todas las fechas que quedamos y atesoré en la
memoria, porque eso fue el comienzo de algo inolvidable.

Lo que siento por ti ni te lo imaginas, es indescriptible
e inagotable, como cada mirada que te regalo.

Solo sé que me siento cómoda a tu lado, segura, feliz, querida.
Te has convertido en mi casa, como quien dice, pero el que dice
no sabe lo que se siente al sentir un beso tuyo por primera vez;
se sienten mil cosas que volvería a sentir todos los días.

Cada beso es mejor y cada sensación es mejor que la anterior.
Pero ninguna es mejor que la que es estar a tu lado.

Admito el dolor

Sí, admito que me duele,
pero nunca admitiré lo que siento.
Sí, admito que me duele,
pero nunca demostraré cuánto.
Sí, admito que me duele,
pero nunca el vacío que me dejó.
Sí, admito que me duele,
pero jamás las heridas que no sanan.
Sí, admito que me duele,
pero jamás me verás soltar una lágrima.
Sí, admito que me duele,
pero nunca admitiré nada.

Hay veces que duele amar y ser amado

Tengo muchas dudas, lo cual me frena a la hora de amar.
Son dudas que me inundan mis días malos y mis días buenos.
No puedo parar de pensar que es tan fácil reemplazarme por otra
más guapa o más lista, más interesante, mejor que yo,
que no sienta lo mismo, que se canse de mí. Por eso,
desde hace milenios no quiero estar con nadie.

Quema

Hay veces que siento que soy intensa y, cuando me lo dicen, me duele hacer daño a los demás. Me duele más que el hecho de que me hagan daño a mí. El sentimiento de que yo me preocupo más por los demás es doloroso a más no poder, arde, quema y destroza cada pedazo de mi corazón. Cuando más me enamoro, más me doy cuenta de que siempre seré la que querrá más a la otra persona sin dudarlo un segundo.

Dolor de invierno

El dolor se intensifica cada vez más y no puedo desechar esos sentimientos arraigados en el alma, los cuales, aún dormidos dentro de mí, se despiertan molestosos esperando atención. De vez en cuando, me gusta pensar que esos pensamientos son inocentes y, por lo tanto, les hago caso, para que después me destruyan como un huracán entrando en mi mente. Duele y quema, pero, aun así, les hago una cama para que se vuelvan a dormir, lo cual no funciona, porque me susurran convenciéndome de que son buenos, y yo vuelvo a caer y les hago caso, para finalmente caer en el mismo patrón. Al igual que en todas mis relaciones tóxicas, me doy cuenta muy tarde de lo tóxicos que son dichos comentarios y los entierro, aunque sé que de nuevo caeré de alguna otra forma.

Mi mundo se cae a pedazos

Mientras todo se destruye, mi mente piensa que
podría hacer más, pero nada se debe ni se puede hacer.
Me duele ver que no puedo hacer nada.
Me duele porque, si fuera yo, necesitaría amor.
Me duele verlo todo así.
Me duele sentir dolor por una persona que no sé si se lo merece.
Me duele no poder ayudar a mi madre con sus sentimientos.
Me duele ver y escuchar a todo el mundo decir que no me dejarán.
Me duele tantísimo que lloro todos los días por dentro.
Me duele tanto ver que todo se destruye...
Me duele...

Quiero quedarme contigo

Quizás ahora seamos muy jóvenes, quizás nos falte mucho por vivir, pero te lo digo ahora y te lo diré siempre: quiero quedarme contigo, no quiero otros amores, no quiero otra sonrisa más que la tuya, no quiero otros abrazos
que no sean los tuyos, no quiero coger otras manos que no sean las tuyas, solo quiero quedarme contigo.
Porque me haces bien, porque
contigo soy feliz. Nos
complementamos tan
perfectamente que me da miedo,
perderte me da miedo, que llegue un día en el que de verdad te canses de mí. Siento que el amor que siento es tan mutuo y se siente tan bien estar enamorado de la persona correcta que no quiero que termine nunca.

Qué es el dolor en realidad

Cuando dicen que el dolor forma parte de la vida, dicen que siempre hay que sufrir. Pero nadie te explica que también puedes disfrutar hasta del sufrimiento, entendiendo el dolor y refugiándose en él como un bebé oso a su madre. Nadie te explica lo que debes sentir ante una pérdida ni cómo debes actuar si no sientes dolor, debido a que el dolor es demasiado fuerte. Te llaman *insensible*, te dicen que llores, pero tú no puedes un pellizco en el brazo para que llores. ¿Dolor? Puede ser un sollozo en una habitación vacía que retumba o simplemente un desasosiego de tus emociones plagado de inseguridades y confusión al no sentir nada y furioso por no poder demostrar el dolor de ninguna manera. Siempre nos culpamos de sentir porque es una de las pocas cosas incontrolables, pero debemos aplaudir cada vez que sentimos ante la adversidad, porque eso y nada más que eso nos abre el camino a descubrir nuestras emociones y cómo somos en realidad.

Sabores indispensables

Al igual que ese plato que nunca probé por miedo a no me gustara, hoy lo he probado y me ha sabido a nostalgia reprimida.

Síntomas sientomenos

En la sombra de la noche y el día,
bajo el peso de las pastillas,
se teje un velo de amarga agonía,
con síntomas que el alma apesadumbrada y humillan.

Vómitos, río de amargura y desazón
rompen la calma con su tormento,
los días se vuelven una lenta canción,
donde cada nota es un lamento.

El sueño en sus brazos pesados te envuelve,
como un manto que ahoga y consume;
la vigilia, un recuerdo que se disuelve
en un mar de neblina y perfume.

El hambre se convierte en un extraño,
un visitante que nunca llega;
el deseo de comer se marcha, huraño,
y deja un vacío que nada sosiega.

El olvido, ladrón de recuerdos queridos,
borra momentos, arrasa paisajes.
Las memorias se pierden, distantes, perdidos,
dejando solo fragmentos y espejismos salvajes.

El cansancio, compañero inclemente,
se aferra al cuerpo como plomo.
Cada paso, un esfuerzo doliente;
cada movimiento, un insaciable lodo.

Pero aun en esta lucha constante,
hay fuerza en tu ser, resiliente.
Las pastillas no son más que un instante,
y tú, un faro en la tormenta, valiente.

Sesión juzgable

La tristeza invade mi corazón e invade mi alma,
y se queda como si nada.
Me quedo de brazos cruzados esperando a que se vaya.
Las lágrimas inundan mi cara sin parar.
Ya no se me ocurre nada de que hablar,
porque las palabras que expreso
no son las que pienso ni las que siento.
El silencio invade mi mente cada vez que no tengo suerte.
La suerte no se busca ni se encuentra
fácilmente.
La forma en la que soy muy complaciente
con gente que no se lo merece.
La forma en la que el *no* significa decepcionar
a la persona es solo algo hablado entre el *sí* y el *no*.
El *sí* dice que sí porque quiere ser validado y,
cuando *no* lo consigue, se invalida a sí mismo hasta el punto de
crearse mil escenarios en la cabeza que le niegan la realidad.
En cambio, el *no* es reticente.
Algunos dirían que hasta protector con lo que quiere
y otros incluso negativo por querer proteger lo improbable.
Pero la realidad es que nada está pactado y nada es como pensa-
mos. Todo puede pasar, al igual que el todo es pasado.

Lágrimas

Las lágrimas brotan de mis ojos como la tristeza de mi corazón.
Los ojos, aunque ahora rojos,
reflejos del dolor que me ha atormentado.
Me gustaría no sentir nada.
Me gustaría que todo lo que hago por complacerte fuera verdad,
pero no puedo cambiar cómo soy por tu aprobación.

¿Qué es querer?

El querer es independiente del deber,
pero a veces se confunde con el complacer.
Te quiero conmigo no es lo mismo que te quiero para mí,
pero para muchos es el mismo significado.
Quiero que sin mí prosperes, que sin mí seas igual de feliz.
A veces dejar ir es quererse,
pero jamás comprenderé por qué te quiero siempre
a mi lado como anillo al dedo
o cómo muchos ven como correa al perro.
Ojalá quisiera como alguien normal,
pero me ha tocado sentir, preocuparme y cuidarte.
Es amor también, eso me han dicho,
pero también para muchos eso en exceso es tóxico.
La fina línea entre el amar y el odiar ya la pasamos;
de hecho, la subrayamos.

Beso

Un beso puede ser más devastador que un propio orgasmo
porque no puedo parar de pensar en un roce,
en un clic, en un beso.
La realidad de todo esto es que no es un solo, sino es el todo.
Debería ser más profundo, más absurdo,
más salvaje, más infinito en el universo.
Podría ser más pasajero en el tiempo,
pero más eterno en el recuerdo.
Un beso no es solo un... beso, sino algo que,
cuando se acaba, se quedan en desasosiego.
Sentir más, calentar el corazón debajo del pecho,
que quiere sentirse más reconfortado.
La vida no enseña lo adictivo que es un beso
y lo necesario que se hace, como el aire que respiramos.
Grita hasta que no puedas pensar en nada más que en ese beso.
La mentira más verdadera es lo poco que lo que pedimos.

Dolor perpetuo

Veo tus ojos reflejados en el aire
que dejaste después de los deseos que soplaste.
No hace falta decirte que tú eres mi único anhelo,
aunque a veces me desespero.
No quiero que tengas ninguna duda de todo esto,
yo quiero que dure una eternidad.
Si te digo «te quiero», no te lo crees; si te digo
«te odio», recién me entiendes,
porque crees la palabra de tus amigos antes que la de una *santa*.
Escucha el silencio que retumba,
porque la próxima vez escucharás palabras de tortura.
Es imposible saber qué pienso porque,
cada vez que me preguntas, me vienen mil recuerdos.
Los tiempos pasados me han dejado mil sufrimientos,
pero lo único que sé es que el desconsuelo
se paga con mucho dinero.
Pero ¿en serio te crees eso? Lo único con lo que se puede curar
es con los sollozos por cada vez que el daño me persiguió.
Y no solo el dolor y yo somos amigos, sino que siempre viene
acompañado de las reminiscencias nocivas de un mal agüero.

Control

El caos incontrolable de mi cabeza hace que cada día me sienta peor que el anterior por todo lo que no puedo controlar.

La realidad

Es algo que consta de un río agridulce sin sentido,
pero perfecto con desasosiego.
Todo es mentira y nada es cierto, pero...
¿qué es cierto en realidad?
Podemos vivir en la ignorancia y seguir a la masa.
Hay veces que no queda otra y toca lo que toca.
Cuanto más pienso, más me enervo.
La desgraciada realidad se piensa sin más.
Pero qué difícil es explicar algo tan sencillo y qué fácil es comprender algo tan transversal.
La eterna pregunta: ¿qué es vivaz en la realidad?
Cuando es todo cierto,
pero siempre hay algo en ese tormento
que se perpetúa en toda la oscuridad.

Complaciente

Me siento como un médico y su paciente.
Me muestro agradable ante la dopamina
que genera el bienestar de los demás.
Puedes creer lo que quieras, pero esa dopamina ya se extinguió.
El girasol es complaciente con el sol,
al igual que yo supongo yo, valga la redundancia.
¿Tú me crees capaz de hacerte daño de verdad?
Todo lo que hago es para y por ti, no te das cuenta.
Sé que eso no está bien,
pero a mí me genera tranquilidad al andar.
Es bueno para ti y bueno para mí porque,
aun así, me siento mal por mí.
Hay verdades que callo y mentiras que hacen herida.
Igual que las aves rapaces que se persiguen en el oleaje para poder
probar los cuentos de los alces.
¿Yo sigo sin hablar de lo que hiere o no?
Porque todo a mi alrededor cambia sin control
y destapa todo tipo de cicatrices pasadas,
inseguridades hechas por la mera experiencia,
las cuales intentas sanar, pero es imposible arreglar como una
copa partida en mil pedazos, al igual que un corazón dañado.
En mis ojos se reflejan las batallas perdidas y las ganadas ante el
dolor causado de la oscilación.
Tu pérdida es mi dolor y mi dolor
es indiscreto ante el ruido del silencio.

¿Por qué no?

A veces me he cansado de sentirme mal por sentirme complacida,
porque no puedo vivir en paz al ver la eficacia de mi alegría,
porque no puedo dormir en paz al ver la alegría en la calma,
porque no puedo más al ver que cada día mi alegría dura menos.
No puedo más; aunque alguien me ayude, no podré y me rendiré.
Me gustaría ser feliz de verdad y dejar de mentir a los demás.
El dolor no grita lo suficiente que necesito ayuda,
porque realmente nunca la pido por miedo al ser devenido.
Con lo cual, tampoco me merezco la ayuda. Por eso, cada vez
que la pido, me invade una rabia sin ningún sentido.

Labios

Tus labios, adictivos, como el azúcar en mí.
Es incomparable el amor que te tengo con el que tú me tienes a mí.
Tus labios son lo mejor que he probado y siempre mi yo de peque
me dice que me aproveche a ti.
Me los como como un niño chupando un helado, pero esto, aunque me lo como, nunca me deja saciada.

Saber lo incomprensible

Hay una gran diferencia entre querer y saber querer; nunca me
imaginaría que no sabría hacer ninguna.
De pequeña siempre me advertían:
«No hagas lo que no quieres que te hagan a ti».
Yo, inocente, me convertía en complaciente.

Suficiente para...

No me siento buena novia porque no me siento suficiente.
Espero a que venga la siguiente porque yo no valgo para la gente.
Pero ¿de verdad que creen que soy la mejor opción en un mundo
en que no hay mujeres, sino obras de artes andantes?
¿De verdad te gusta mi cuerpo, que es más como
un saco de patatas que como un cuerpo normal?
La normalidad ya no es suficiente ante los ojos
que solo quieren lo que más llama la atención,
pero yo no quiero ni llamar la atención, la detesto.
Lloro porque pienso que te cansarás de mí,
lloro porque siento que soy muy olvidable, lloro porque pienso
que me cambiarás por alguien mejor. Por favor, hazlo.
Llorar no arreglará nada, pero calmará mi corazón caído,
mi corazoncito, que fue destruido y que tú con cuidado
reconstruiste sin que nadie te lo pidiese.
De verdad, ¿por qué me quieres?
Aun haciendo que te replantes si me quieres,
porque yo de verdad que no quiero hacerte daño jamás,
pero siempre hago algo que te haga daño y me duele hasta sangrar.
Cuándo voy a parar de ser tan intensa, cuándo voy a para de
cagarla, porque ya hasta yo me canso.
Si quieres dejarme, no estoy preparada, pero sí esperaré eso siem-
pre que nos enfademos.
Porque siempre espero lo peor, cuando lo peor soy yo, sin duda.
Mis comportamientos autodestructivos
destruyen mis ganas de creer que esto puede salir bien,
cuando en el fondo sé que yo soy el problema.
Me gustaría que cada vez que le doy vueltas a todo, eligiera la mejor,
pero cuando veo tus ojos, pienso que nunca seré la mejor opción.

Me siento tan reflejada en el patito feo que ya me lo creo.
Me siento fea cuando siento que no soy suficiente para los demás.
Pero realmente mi cabeza se pregunta y se cuestiona tantas cosas
que ni una sola persona se podría imaginar.

Depresión

Imagínate estar cansado por no sentir nada,
convencerte a ti mismo de ser feliz porque la sociedad lo dice así.
Porque, si no eres feliz, no eres normal,
y desplegar esa tristeza a lo largo de todas tus relaciones cotidianas.
Porque lo que no te deja dormir no te deja vivir,
porque cada día cuesta más.
Porque el sentirse solo ya se ha convertido
en tu propia compañía irónica.
Porque siempre dispondrás de ese vacío en tu interior
y te autoconvences de que eres feliz.
Porque cada día es más difícil tragar y más difícil existir sin saber
por qué lo haces, y nadie te da una respuesta fácil.
Porque siento que soy una carga para todos y una desgracia por todo.
Pero aun así siento pena por los que no me comprenden
y angustia por los que ni lo intentan.
Con esto te das cuenta de quiénes están a tu lado
y quiénes no me decían, y es así como dicen.
Estar triste no significa solo sentir eso, sino sentir
que ha desaparecido la felicidad de tu vida y poco o incluso nada
a lo largo del día te da ánimos para seguir adelante.
Es frustrante mirarse al espejo y ver que ya no eres como eras
antes, que todo cuesta más, y lo que no cuesta frustra más.

Esperando

Se puede tener los pies destrozados
y seguir llorando por dentro sin lamento.
Sé tristeza cuando la felicidad se acobarde, siéntela,
porque se te escapa cuando menos te lo esperas.
Pero no te esperes que vuelva tan rápido, porque fue tan rápido
que se rompió la copa que no tiene reparo.
Pero, si me hablas de palabras, se las lleva la hipocresía,
porque nunca haces lo que dices.
Pero, si espero que lo hagan por mí, para decir «yo también
lo haré», porque así funciona, y no esperes menos.
No te asustes si no lo entiendes, porque entender es lo más
complicado, pero lo que todos nos obligan a hacer.
Esperan que lo entendamos y que aceptemos un pronóstico sin
previo aviso, porque así, tan rápido como vino, así de lento se irá.

¿SOS y ayuda?

Me inscribo en la lista de la gente que no sabe pedir ayuda,
pero mi nombre no se ve porque está en minúscula
y nadie mira la letra pequeña.
Siento que me ahogo aunque haya todo el aire del mundo
y vuelvo a respirar cuando ni siquiera puedo ni ver.
El problema no reside en enterrar el dolor, sino en encontrarse
en el dolor e intentar levantarse sin una pala que lo destruya.
Pero nadie habla de lo mal que se pasa cuando el propio mal
te controla y ni sabes qué estás haciendo.
Pero solo sé que el aire sigue faltando
y las horas van pasando para buscar y encontrar una paz
en la tranquilidad, una palabra en la falta de ellas.
Pero siempre dirán que somos fuertes, aunque no pedimos serlo
en un mundo donde sobrevivir no es una opción.

Volver a creer

Solo por el hecho de que no lo proyecte mis emociones
dando pena, no me prestaste atención.
Solo por el hecho de no decírtelo, tú decidiste tirar la toalla,
pero qué le hago, si mis problemas son inoportunos
Cuando te escribía y tú ni lo leías, mientras tanto,
yo lloraba sin consuelo ni alegría.
Puede que sea como el Joker y me ría ante la adversidad,
pero prefiero eso a llorar.
Tú me dijiste que me querías, pero cuando me ves así,
no me quisiste ni ver ni hablar.
Puede que mis palabras sean duras, pero más duro
me dejaste el corazón cuando me hablaste así.
Quiero hablarte, pero lo único que me sale es llanto
en vez de un «hola» junto con un malestar.
Quisiera recuperarte, pero del abandono siempre siento
que no me recuperaré.

El cajón

Siento mucho protegerte de la catástrofe de mi cabeza,
siento mucho existir sin delicadeza,
porque cada paso que doy hacia ti siento que me desplazo hacia el fin,
cuando me convertí en el dolor de tus días
y en la pena que tú me dijiste que sentías.
Porque me da vergüenza sentirme triste
cuando debería sentirme segura a tu lado.
Quiero decirte que estoy mal, pero si lo digo,
pierde visibilidad en mi oscuridad.
Porque, si abro ese cajón, probablemente te toque
cerrarlo aunque te manches las manos de lágrimas.
Es tan fácil hacer feliz a los demás que a mí ser feliz
se me olvida, aunque eso diga mi vida.
La felicidad ya no existe; de hecho, nunca lo hizo,
porque el dolor recubre mi cuerpo.

Celos inquietos

Me giro y estás abrazándola. No hablo de ella,
sino de mi tristeza, disfrazada de víctima.
Pero el apocalipsis se acerca y no quiero verte sufrir;
por eso quiero acabar con esto.
Porque nadie me ha enseñado a recuperar la alegría
cuando la pierdes.
Porque el silencio en que se escucha
entre cada gota de lágrima es inaudito.
Por eso llora, pero no llores por él, sino por mí, que soy la que
hace daño. Perdóname; así no era, pero así te creíste que era.
La felicidad no es eterna ni palpable,
más bien es efímera e inexplicable.
Todo cuanto veo es aire y todo cuanto siento
se esfuma ni bien lo extiendo.
Pero qué tanto es verdad que, cuando creces, sientes menos
alegría, sino que aprecias más cada cachito hecho por ti.
Querría decirte que te amo, pero solo me sale gritar que te odio.
Jamás un sentimiento había sentido tanto ni una persona había
agitado tanto la mano por dolor.

Tiempo perdido

Tengo miedo de estar perdiendo el tiempo
y perderme sobre mi tiempo.
El miedo me paraliza ante la espera de que cambies
porque yo te lo diga.
No me digas que es mentira, cuando yo, obsesiva,
me doy cuenta de cuándo la miras.
No me refiero a ella, sino al pozo donde reside
mi tristeza cuando la besas.
Tengo miedo de que yo sea la otra en un valle donde
Pocahontas lidera y no le queda otra.
Tengo miedo de que un día tengas que elegir
y yo no esté ni en tu lista de elegir.
Me aferro a la idea de ti porque ya desapareció
con todo mi amor por ti.
Me tiento a decirte la verdad en cuanto te veo
para quitarme esa cara de tristeza.
Y cuando menos me lo espero, estás dándome besos
donde antes me sentía presa del dolor.
Quiero que me demuestres que me amas aunque todo sea una farsa.

El tiempo lo dirá

A veces volvería atrás para no conocerte y no permitirme quererte.
Pero de nada sirve porque, al fin y al cabo, siempre vendrá alguien
y hará exactamente lo mismo.
No quiero que mañana me olvides,
porque tú me dijiste que nunca lo harías.
Pero aun así te veo sonriendo en las fotos,
haciéndote que todo va bien.
Es obvio que sin mí va mejor, me lo dejas bien claro.

Verte ir con el tiempo

Creer en ti es mucho más difícil que encontrar
una moneda en el fondo del mar.
Pero como no quise ir hasta el fondo a encontrarla,
me quedé a medias sin querer.
Pero poco a poco se me ahogaba el corazón
al ver que estaba así sin razón.
Pero sí estaba así por condición, condiciones
que me había puesto yo sin darme cuenta.
Pero me perdí sabiendo que yo sabía la salida
como mi nombre al revés.

Cansancio acumulado

Me siento tan sola que escucho mis pensamientos
al eco de mi triste sumergida en mis lágrimas.
Arrastrada por la poca cordura que me queda
y sometida a las críticas tan ciertas que se especulan.
Contando los minutos para sentirme mejor con la situación
y esperando a que me diga que pare, que estoy cansada.
Respirando todo el mal que me toca comerme;
aunque esté podrido ese brócoli, te lo comerías.
No hay verdad absoluta porque siempre escucharé
y palparé tus miradas juzgándome.
Porque el escucharme no es una opción al ver que nadie vale
la pena ni me impide seguir en el camino de hormigas.
Prefiero pisarme a mí a pisar a los demás con
mis pijadas aunque después hagan lo que quieran
y digan lo que siembran con tanta desfachatez.

La otra

Estoy perdiendo la cabeza por ti, porque luchar contigo mismo
no es suficiente para que te des cuenta de que me estás perdiendo.
Porque lo único que te importa es querer más que
porque la voluntad de tu corazón no la mía.
Porque quererme no es un juego que has ganado aún,
porque el perderme depende de mí.
Porque el «ring, ring» de mis pensamientos tocando
la puerta de mi corazón no es suficiente.
Porque ya no sé qué pensar, porque estoy loca por ti,
pero quiero que te vayas, porque tu amor ya no es el mismo.
Porque la otra recibe más y porque la otra estuvo a punto de

Actos de amor

Porque, cuando pienso en contarle algo,
se me viene tu nombre sin pensarlo como un acto reflejo.
Pero ese acto tú ni lo reflejado en mi la prioridad
te suena a chino cuando hablas de mí.
En cambio, lo veo en todos menos en mí;
al menos hace feliz a otros de migo para tranquilizarme.
Cuando sales por ahí, ni me diriges la palabra,
pero cuando estás conmigo, hablas y no conmigo.
La comodidad no es una excusa, no llevamos 10 años,
pero tampoco quiero pensar que es cierto para no incomodarte.
No te das cuenta del daño que me haces
cuando no me cuentas las cosas porque me molesta.
Hasta que no te diga gritando que me duele, ni te lo crees,
porque yo no soy tu prioridad, cuando ni la hora me das.

Oblitus

Olvido proviene de la palabra *oblitus*,
que proviene del latín: 'pérdida de memoria de un suceso'.
Pero realmente nunca se perdió aquel suceso
en el valle de los despistes.
Puedes decirme que tu memoria es a corto plazo,
pero el plazo acabó ni bien lo olvidaste.
Solo sé que la vida no es como una novela rosa ni la novela es rosa,
sino una escala de grises que yo ni supe cuándo la subí.
Realmente es olvido o es que la importancia
se te olvidó por el camino junto a mí.
Realmente duele ser tan poco valorada, igual que
unos pendientes que son de oro y se vuelven verdes.
Porque el valor es igual; aunque se vea lo negro del interior, ella
siempre fue oro disfrazado de cobre para hacer feliz a los demás.

Perdida en mí

Probablemente, ya no sea la misma,
pero tampoco volveré a ser la misma ni esa persona volverá a mí.
Se fue, me dejó, aunque, siendo realistas,
no me sorprende su lejanía ante la adversidad.
Probablemente, sea lo que me merezco,
menos amor como el del principio, menos todo.
Pero lo cierto es que me siento poco amada,
ya ni me tienes en cuenta ni me cuentas.
Tus lacras no se deliberan ante un juzgado como las mías y,
aunque te las diga, ni te percatas.
Siento tu amor, pero no tu presencia de adelanto
ante lo que quiero, porque lo mío nunca importó.
Gracias por hacerme ver que siempre fue así
y siempre lo será, para irme acostumbrando.

Prioridades

No se tardan ni 5 segundos en mandar un mensaje;
en cambio, tú sigues sin hablarme.
Sé que nunca seré tu prioridad, pero el problema es que,
como nunca lo he sido de nadie, estoy acostumbrada.
Acostumbrada a sentirme como *the other woman*
porque no te nazca ayudarme.
Obviamente, nunca seré la primera persona a la que
quieras contarle algo que te haga feliz o algo triste.
Tú dices siempre pensar en mí, pero cuando estamos juntos,
no haces más que hablar de otros.
La costumbre hace que sea más llevadero
aunque tú sigas sin decirme nada al respecto.
Mi prioridad será enterarme por otros de verdades
que me hacen daño aunque no quiera creerlo.
Aunque, la verdad sea dicha, nos hacemos más daño que bien.
Si tú supieras las noches que no dormí por ti, no volverías a
decirme nada hasta que se borrara cada lágrima de mi mente.

Sirve de algo el tiempo

Siento que un tiempo no sirve de nada, pero de poco sirvió
decírtelo, que te fuiste sin luchar por esto.
Ver todo negro aun habiéndote dejado que dieras color a mi vida
y alegría a esta casa, la destruiste sin piedad.
Pero te fuiste y después me echaste la culpa, como haces siempre.
Porque pelear contra ti mismo no supiste, aunque yo te lo advertí.
Aun queriéndote como nadie,
me hiciste daño, como muchos hicieron.
Comprobé que las apariencias engañan y la verdad lo acompaña.
El tiempo estaba a tu favor, ibais dos a dos, pero cerraste los ojos
confiado de que ya estaba y te metiste hasta en propia.
Porque no te diste cuenta, al menos por mí, de que estabas per-
diendo, y no a mí, sino contra ti.
Un día te regalo un poema de amor y al otro
me tienes rogándole con el corazón en la mano.

Confianza al confiado

El problema no es que sueñes con ella,
es que le permitas conocerte estando despierto.
Todo lo que pasa es un efecto mariposa que tu aleteo de libertad
te dejó experimentar, pero nunca me oirás decir
que fui yo quien te lo permitió.
Mi mayor acto de amor te lo permití a ti dejándote hacer
lo que quieras en una sociedad en la que eso es normal.
Abrir heridas por ti para ser mejor y tú solo decirme
que soy una pobrecita, pero ni yo sé qué quiero escuchar.
Realmente solo quiero sentirme bien al estar contigo
sin pensar en nada, pero consigues que en un abrir
y cerrar de ojos mi confianza se vaya al carajo.
Enterarme por el de al lado de lo que pasa enfrente de mis ojos;
estoy cansada de comerme palabras de otros en momentos de paz.

Culpa

Cada lágrima, cada suspiro refleja
un poquito de mi alma destrozada y cristalizada.
Todo lo que siento y lo que doy no es suficiente para nadie.
Me gustaría gritar, llorar, pero mi mente se resigna a la verdad.
Porque prefieres vivir en falta de expectativas,
ante la duda del dolor y la felicidad.
Siempre elijo lo que es mejor para el prójimo,
pero nadie me elige a mí por ser la mejor opción.
Jamás seré la primera en ser amada ante el tiempo que se tarda,
porque, cuando lo sabes, lo sabes y no tienes ninguna duda.
La duda no forma parte de la resolución que me enseñaron, porque
cuando no existe la duda es cuando me preocupo de verdad.

Inseguridad

La realidad del dolor silencioso o de la tristeza continua no tiene
ningún tipo de cura contra la realidad que lo provoca.
Pero ¿qué pasa si un atardecer anaranjado e imprevisible se posa
ante mis ojos? Que vivirá en mí como la risa que
me hace estar feliz por dos segundos.
A veces me guardo las inseguridades con llave sin
que nadie sepa cómo abrirlo por miedo al qué pasará.
No al qué dirán, eso ya me da igual; total, un día estarán en mi
lugar y no querrán que los juzguen.
Juzgar, criticar y hablar algo que hacen todos en gran o pequeña
medida, algo que finalmente habla más de nosotros que de ellos.
Sí, me incluyo, porque jamás digas «nunca»,
porque al final acaba pasando.

Cooperación

Buscas el cariño en otras porque a mí no me nace,
pero si yo busco ayuda, me lo echas en cara
por siempre ser yo el problema.
Busqué tu amor en otros porque no hablamos
el mismo idioma, y ojalá fuera el español,
porque sería más fácil entenderse.
Compré flores para tu entierro sin serlo,
pero para el mío ni olí un girasol marchito.
La verdad es que yo siempre recojo cristales
y me termino haciendo el mismo daño.
Espero que algún día hagas algo por mí,
pero sigues haciendo lo mismo de siempre, nada.
Quiero quererte, pero ese es el problema,
que te amo demasiado para lo poco que me dueles.

Pérdida

Probablemente, las heridas del brazo no sean culpa tuya,
pero tú eres la causa y el efecto de este desastre natural.
Me miro al espejo, estamos yo y mi ego, más grande que yo,
como siempre, porque el ser narcisista quiere verse grande,
pero en un abrir y cerrar de ojos desaparece.
Quiero ser importante,
pero solo consigo no importarle ni a quien me quiere
porque pone una barrera para el dolor que le causó.
La verdad siempre sale a luz, pero esta verdad jamás verá salida
en el túnel por culpa de la hipocresía que lo protege.
Quiero decirte mil cosas, pero lo único que sale por mis labios es
lágrimas a través de palabras que duelen mares decir.
No quiero perderte porque el dolor de una pérdida es peor
que el de la muerte, porque una me importa y la otra no.

Amor sin medida

El amor, ¿qué es según el diccionario del mundo?
Sentimiento intenso del ser humano que, partiendo de su propia
insuficiencia, necesita y busca el encuentro y unión con otro ser.
Y lo cierto es que tú eres mi mar en la tierra, la luna para el sol y
mi alegría en mi tristeza.
No puedo existir si tú no existes y yo nací
para quererte a ti sin pensarlo, porque vivo para y por ti.
El amor vive en mí gracias a ti porque,
antes de que tú existieras, no había plantas en mi desierto.
La bondad abunda en ti como mi amor navegando
por las montañas del deseo.
Quiero estar toda mi vida a tu lado, al igual
que el primer «te quiero» en la tempestad ayuda
a ver el claro en el desastre que es mi vida.
Puedo y conseguiré que seas el hombre más feliz
del mundo y olvidarte de qué era la tristeza.
Te quiero ayudar y ver cómo construyes los pilares
de tu gran y preciosa casa, en la que en cada cuadro se vean
tus logros, que no dudo que conseguirás. Te ayudaré
a ser el marco que siempre ve las preciosas vistas.

Ignorar lo inevitable

Las voces de mi mente controlan lo que hago
o lo que siento en el bosque de los quehaceres.
Pero en la isla de las pérdidas se encuentra
la desesperación plagada de agua, ahogándose.
Mientras, intentará vivir, pero el dolor la entierra.
Yo no le doy una mano, porque soy una piedra.
Si toco el mar, me hundo sin piedad. El miedo me paraliza,
pero soy la única que hace algo en medio del huracán.
No puedes pedir al pirata que siga custodiando
el tesoro cuando ya lo tiene entre sus manos.
Y tendrás que ver cómo la abeja se posa más en su flor
que en la tuya, pero no puedes decir nada porque se supone
que ahora eso es normal. Tengo que dejarlo ir.
Pero da fiebre pensar que me dejaré hacer daño aunque
me pisoteen el corazón y arrullen mi depresión.

Beneficio de la duda

Dices no pasar tiempo conmigo,
pero el tiempo nunca me acompaña, ni tú tampoco.
Ojalá pudiera elegir cuándo me voy para poder
despedirme cuanto antes.
Escribo para demostrar que siento algo o demuestro algo existiendo.
La realidad no es esa ni dejará de serla, sino que no hay realidad
que valga cuando veo la ilusión de tu imaginación.
Alguna vez alguien me dijo que demostrar
el amor no tiene nada que ver con darlo.
Existir es un beneficio al querer en una sociedad muerta.
Escucho tu canción mientras lloro para recordarte,
mientras te doy el beneficio de mi sufrimiento.
Porque soy una chica complicada en un mundo
sumamente fácil de sentir según los mortales.
Sentir absolutamente todo de manera
tan fuerte a veces no se agradece.
Prefiero compartir anécdotas que compartir odio porque,
aunque lo sienta, no lo diré nunca.

La última galleta

Llorar encima de mi mano es doloroso porque me gustaría
que esas lágrimas corrieran sobre el monte del olvido.
Porque me encantaría dejar de ser la tercera en discordia,
el segundo plato o la tercera pata que jode.
Me gustaría dejar de sentirme así, pero todos me dicen
que es verdad, y la verdad y la inquietud me ciegan.
Quiero remplazar este dolor por risas,
pero es demasiado duro y no puedo ni romperlo.
Todos me dicen que me ven feliz,
aunque tengo litros de lágrimas recorriendo mi cara.
Quiero recorrer el bosque de la felicidad
y ver si cojo alguna fruta para que mi sonrisa vuelva.
Quiero dejar de sentir que lo que digo no tiene sentido,
que me deje de dar vueltas antes de estamparlo contra el suelo.

No me culpes por sentir

No me culpes por sentir algo
que tú me creaste sin ni siquiera estar tú al tanto.
No me culpes de sentirte lejos,
porque tú me alejaste de tu vida en un abrir y cerrar de ojos.
Ahora ya no somos los mismos ni te quiero de la misma manera.
No me culpes por dejar de sentir, porque la separación es la mejor
opción para algo que ya está roto.
No me culpes a mí, cuando dijiste
que todo esto lo haces por ti y no por mí.
No me culpes por no darme suficiente,
porque eso ya lo esperaba; siempre lo espero,
solo que me sorprende que me des al menos algo.
No me culpes, porque me tenías en la palma de la mano,
pero al igual que la mantequilla se derrite cuando no la cuidas,
pasa lo mismo conmigo.

Lágrimas de dolor

Cada pedazo de mi corazón recorre mis lágrimas sin piedad.

Todo dolor se acumula como una bola de nieve
recorriendo mi vida.

Ese pedazo de dolor me arrastra sin piedad
hasta hacerme daño sin parar.

Quiero pararlo, pero no me escucha.
Quiero frenarlo, pero sigue adelante.

Quiero cuidarlo, pero me quita la mano del hombro.
Quiero mirarlo, pero mira para el otro lado.

Quiero controlarlo, pero es demasiado tarde.
Es un huracán y se llevaba todo a su paso.

No hay atardecer sin una lágrima de luna

Puede que tú veas que estoy bien,
pero por eso no tienes que pasar.

Puede que el dolor no sea por fuera,
pero tú sigues viéndolo y no haces nada.

Me ves rota y sigues gritando, diciéndome que es mi culpa,
aunque el cristal ya estaba roto.

Quiero gritar, pero estoy bajo el agua
de mis lágrimas desordenadas.

Quiero despertar, pero el pellizco no es suficiente
para esta pesadilla que es tan real.

La coraza indestructible

La armadura que llevo por piel en mi corazón cuesta quitarla;
por más que la arranco, sale más metal frío.

Quiero desprenderme de ella, pero está tan fría
que se me congelan las manos de tocarla.

Quiero pedir ayuda, pero igual se hacen daño por mi culpa,
y eso me dolería más a mí porque la coraza se pondría más dura.

Creo que esa coraza me la inventé yo por si mi corazón se caía,
pero nunca pasó, pero igual se rompió.

Pedacitos de mi alma

Mis lágrimas descansan sobre mi piel
mientras mi yo se queda sin energía.

La lógica sobrepasa los límites de mi escepticismo
para envidia de los religiosos.

Quiero perderme por mis pensamientos,
pero al final me pierdo a mí en vez de ellos.

Espero que algo cambie a mejor, pero lloro,
por lo que empeoro; ni trato de cambiar.

Arreglo mi corazón mientras me lo destruyen
poco a poco con sangre en mis manos.

Mis pálpitos suben y mi razón se cansa;
no quiero dejarlo así por mi templanza.

Me congelé esperando

Quiero ver tu amor reflejado en mí,
pero al igual que un espejo roto, no se ve.

El amor es algo, o se sabe o no se sabe,
pero tú dices estar enamorado y yo digo que te quiero.

Quiero creerte, pero tus actos dicen lo contrario,
y espero que lo entiendas cuando te digo
que ya me he cansado de esperarte.

Quisiera cohibirme de mis sentimientos,
pero tus actos consiguen sacarlos a flote.

Dirás que no te lo he dicho, pero los oídos tuyos siempre
se hacen los sordos ante la tempestad que se avecina.

El querer es un sinfín de emociones

Quisiera que supieras cuántas palpitaciones tengo
al verte caminar sin que tu aroma me embriague nada más pasar.

Al menos, quiero que me mires con esos ojos
cuando pase sin disimular que te he visto mirar.

Tú crees que no pienso en ti, pero el único pensamiento
que reside en mi cabeza al andar es tu voz al levantar.

Mientras tus manos me rodean para hacerme
sentirme la única, tu mirada me hace sentir especial porque
el mundo se para para admirar esta paz.

«Te quiero» es poco para el amor que siento
recorrer por mi cuerpo mientras te veo.

Cuando llueve y no se escucha

Recuerdo que mi niñez se vio interrumpida
por mi terror al ser la decepción del todo.

El dolor no proviene de algo físico, sino de algo emocional
que se ha perpetuado en la eternidad.

Quiero estabilizar mis emociones por mi ansiedad,
pero estabilizar a un caballo en una silla
sería más fácil que cualquier cosa.

Quiero sonreír y hacer como si nada,
pero lo cierto es que ya me cansé de sentirme así.

El dolor es más fuerte que yo misma
y me puede ante la tempestad que arrasa sin control.

Adolorida

Tengo dolor desde que tenía uso de sentir en la punta de mi pie,
pero eso no importa porque nunca supe cómo curarlo.

Quiero explicar mi dolor, pero mi sugestión ya ni puedo
controlar en el medio de este caos a través de mi alma.

Espero cambiar, pero al igual que esperar que crezca un árbol,
sigo sentada y muerta al ver que no cambia.

Porque el quererme es tan difícil y entenderme
es como descubrir un animal en peligro de extinción.

Me curo las heridas con miedo a hacerme
más daño a través de mis manos.

Necesito descubrir el patrón de nudo para poder desatarlo
con facilidad y quitármelo con dolor.

Culpable

Siento que mi vergüenza es mi palabra a la hora
de expresarme porque habla ella y sin parar.

Porque el saber que jamás querré como querría
entender es algo que no se puede obligar.

Explícame por qué al mirarte no siento lo mismo
que antes y siento que está enterrado entre cemento,
por qué lo intento sacar y me hago el doble de daño.

Te explicaría mil veces lo que me pasa,
pero estar conmigo es relativo para tu parecer
porque nunca soy suficiente, lo leo entre líneas.

Exigir el elixir

Tu mirada contemplando el atardecer se me hace familiar
a la brisa de un aleteo de una mariposa al volar.

Dices ser lo mejor y hasta hora eres mediocre,
sin síntomas de mejoría, pero quiero creer esa verdad
porque es más fiable que los demás.

Estoy al final del vagón sin siquiera acordarme de mi color favorito,
pero sí me acuerdo de gustos y me refugio en ellos.

Establecer contacto entre mi yo de hoy y mi era anterior, pero
resulta que ni se reconocen la una a la otra a través del espejo.

Ruido negro

A veces, el ruido se hace insoportable al silencio de mis sollozos,

pero qué hay más puro que un grito de dolor
ante una pérdida que no se pudo recuperar.

Cuán grande es la incertidumbre del querer saber todo
sobre cómo me siento aun siendo yo quien lo sabe.

No puedo seguir con este dolor que me perturba el alma pedazo
a pedazo y cacho a cacho escarbando las cenizas del ayer.

Mi felicidad es excusa para alejarse de mí porque
es algo que se avista pocas veces en el año.

Pero aun así así te quiero más cuando estoy feliz
que cuando estoy en mis peores momentos.

Abrazos fríos

Los abrazos fríos a desconocidos me parecen como la cara oscura
de la luna, algo que, al ser tan poco habitual, es hasta curioso.

Cuando miro el reflejo de mis ojos llorosos en el espejo,
siento consuelo de algo tan incontrolable.

Pero ese calor de algo que nunca había experimentado
que me causa tanto temor al beber de esa agua
que dije que nunca bebería.

Pero jamás bebí, pero por qué siento tanto temor a
ser envenenada y salpicada por la malicia de tal pensamiento.

Quizás por el sentimiento que me da su calor aun siendo
algo tan desconocido, pero fraternal a la vez.

Lágrimas emergentes

Mis lágrimas recorren mis pensamientos,
ahogando recuerdos y mojando mis pestañas.

No quiero admitir mi dolor ahogando en mis ojos,
pero si no lo hago, jamás podré encontrarme.

Mis pensamientos están llenos de emociones
y escondidos en mis dolencias.

Porque algo que no se ve nunca es de dicha preocupación,
pero escondidos, algo mortal ante dicha decisión.

Las ansias de espera me convirtieron en un árbol que expulsa
poco a poco su savia hasta quedarme sin el recuerdo.

Sin más dilación, está aquí para acceder al camino
de la incertidumbre ante la posibilidad de la curiosidad.

Lágrimas de dolor

Cada pedazo de mi corazón recorre mis lágrimas sin piedad.

Todo dolor se acumula como una bola de nieve
recorriendo mi vida.

Ese pedazo de dolor me arrastra sin piedad
hasta hacerme daño sin parar.

Quiero pararlo, pero no me escucha; quiero frenarlo,
pero sigue adelante.

Quiero cuidarlo, pero me quita la mano del hombro;
quiero mirarlo, pero mira para el otro lado.

Quiero controlarlo, pero es demasiado tarde;
es un huracán y se llevaba todo a su paso.

Arreglo

A veces, las lágrimas son incontrolables;
cuando menos te lo esperas, aparecen y te anulan.

Te ciegan por momentos, ves borroso, pero parpadeas
dos veces y la imagen clara de la verdad se posa ante tus ojos.

Las lágrimas nunca serán en vano, ni en dolor, no tendrá justicia,
simplemente sentir forma parte de la vida.

Algo que jamás nos dirán es que, aunque intentes
retener tu dolor, siempre saldrá la superficie como un iceberg;
simplemente se ve, pero no al completo.

Quiero creer que soy fuerte, quiero creer que el dolor no existe,
que es mentira, que todo es inventado por mi cabeza.

Pero no le desearía ni a mi peor enemigo el dolor
que siento ahora mismo.

Fidelidad

No frialdad dentro de mis sentimientos fieles a tu corazón,
pero al lado de mi sinceridad.

Mas no puedo contar toda la verdad
porque igual de mi lado te vas.

Yo jamás te diré que te vayas, pero sí te diré
que te alejes para que mis lágrimas no te salpiquen.

Quiero hacerte feliz de veras, pero prefiero no tenerte
a perderte sin darme cuenta siquiera.

Ya me quedé sin lágrimas para llorar por el hubiese,
pero todavía me quedan llantos para el llorar cuando te vayas.

Bola de pelo

Quiero escupir esta bola que tengo en el pecho de dolor sin fin.

Quiero saber qué me pasa, qué me lo causa, pero nada más siento
que el dolor se expande en mi pecho y no se sacia.

Dice cosas, algunas sin razón, otras que causan moretón,
y no como piensas.

Pero qué más da, si nadie entiende y quien entendía se marchó
con mi corazón en el pecho para desaparecer sin pensarlo.

Espero que algún día me entiendas para poder llorar
sin pensar qué puede pasar.

Sé que mañana se me pasará, pero el hoy importa,
porque el mañana ya pasará y, cuando pase, importará.

Mi dolor es inmenso, pero jamás dejaré que sea más grande
que yo para arrastrarme con él.

Creer las mentiras

Quisiera creer tus palabras, pero las lágrimas
me dicen la verdad que no quiero escuchar.

Descifro tus actos, pero aun escarbando sigo con sangre en
las manos y sin respuestas coherentes a mis dolores indiferentes.

Estoy esperando a que me digas que me quieres, pero yo no
escucho nada debajo del agua y lo único que entiendo es nada.

El silencio invade mi cabeza y el dolor lo asume mi corazón.
Quiero creer que el cambio está en ti, pero no estoy segura
ni de qué somos ni de qué haremos.

El tiempo habla por sí solo esperando
a que alguno accione el botón de cambio, pero las telarañas
se apoderan de aquel botón y nadie supo ni que existía.

Mamá

Jamás había conocido algo tan bello y fuerte como un roble,
que ante la adversidad se queda perfecto sin permitir
que una sola hoja se mueva.

Alegre y hermosa con los suyos, pero sin los suyos,
demostrando que es la bondad y la amabilidad, sin un pelo
suelto, tan ella que ni una sola mujer se atrevería a tenerla envidia,
sino que la halagarían por su perseverancia.

Queriendo siempre a su familia, protegiéndola
y animándola a seguir adelante como ella, aplaudiendo sus logros
con tanto amor que no le cabe en su cuerpo tan perfecto.

Si me preguntan si la admiro, obviamente respondería que sí,
porque aspiro a ser ella para enseñarles a mis hijos que ser buena
persona no es tan difícil y que la alegría vive en cada uno.

Porque honrarte no es suficiente a mi parecer,
el admirarte es maravilloso, porque cada día me enseñas
algo nuevo sin importar qué tan mal estás, porque no solo eres
valiente, sino paciente ante la adversidad.

Corazón desbordado

La tristeza me inunda el corazón sin ningún tipo de reparo.
Quiero decirte que dejes de hacerme daño,
pero mi ego es más fuerte.

Porque cada palabra que dices me hace tanto daño.
Déjame si no me quieres y ámame si vas a hacerlo.

Descubrí que esa etapa ya pasó,
pero te sigo amando como una ciega y una sorda.
Quiero dejarte de amar, pero mi corazón me lo impide.

Quiero dejarte de mirar, pero el sol me lo impide.
Quiero dejarte, pero el miedo me lo pide.
Quiero ser yo, pero ya ni me acuerdo.

Nada es para siempre y nada es perfecto,
pero sí mis sentimientos. Cuéntame un cuento
que no me sepa para dejarme de hacer daño.

Envidia buena

A veces miro a las parejas en las estaciones
despedirse de un gran día, supongo. Me recorren
unas ganas de llorar para poder sentirme igual.

Pero recuerdo que eso me hace mejor persona
al sentir ternura, pero luego me viene ese pequeño recuerdo de él,
nadie más que él.

Él con letras mayúsculas y con tilde, mi amor,
el haz de luz en mis días más oscuros y en mis días más radiantes.
Me recorren esas ganas de abrazarle y me arrepiento de aquellos
sentimientos que no fueron demostrados.

Pero aun así no lo tengo al lado para darle la mano, no lo tengo
para besarle ni contarle mi pensamiento más inocente.

El tiempo hace el tiempo

Quiero para todo para ver si el perder
me te hace ser merecedor de tus sentimientos.

El tiempo ayudará a que veas que todo era mejor
hasta que perdiste el control.

No lo creo porque siempre los has tenido,
pero nunca lo has apreciado para tenerlo.

Quiero que pares de cuestionar los sentimientos para tenerlos en
cuenta y los mires a los ojos y te veas reflejado en ellos.

Pero jamás dejaré que pases por este dolor otra vez,
porque este tren solo pasa una vez y ahora no parará nunca.

Porque nunca seré eso que buscabas de remplazo,
porque no soy como tú creías, aunque quieres crearme
a tu antojo para querer o, mejor dicho, manejarme.

Acepto mi derrota

Acepté que cada día pudiera sentir menos
para poder recordar más.

Me rogué que no volvería a llorar por lo mismo, pero esa cascada
siempre está abierta, igual que mi corazón, con una brecha.

Me supliqué que entendería más, que juzgaría menos,
pero mi orgullo intervino sin previo aviso.

Me permití errar para poder entender cómo te sentías,
pero aun así seguía sin entenderte.

El entendimiento no es algo que se aprenda por experiencia;
es algo que nace y no se hace.

Volver

A veces cometemos errores de volver a creer en esa persona,
que cambiará o simplemente que demostrará eso.

Pero al igual que un bebé se cae al aprender a andar,
nosotros mismos nos dejamos caer por aquel.

Quieres recordarte que le quieres, que será suficiente con eso,
pero jamás será verdad, porque nunca lo demostrará; por eso te
dejarás vencer por el querer sin escuchar al deber.

Sigo pensando en tu mirada, que yace muerta porque solo
te quedan dos vidas para que desaparezcas de mi existencia,
porque yo soy muchas cosas, pero no discreta al demostrar
el dolor que me causaste; por eso escribo estas frases.

Incluso creo que es peor ver que tú te aprovechas de ese dolor sin
duda. No aprendes, pero obviamente la que no aprendí fui yo.

Destellos oscuros

El cuerpo dice lo que siente. Aunque yo no sepa ni expresarlo ni
contarlo, quisiera gritarlo o al menos manifestarlo, pero nada de
eso es real, ni cuando yo lo tengo en la palma de mi mano.

Quiero demostrarte que sé amar, que sé querer con todas
las letras, pero se me ha olvidado cómo decirlo y cómo escribirlo,
ya no me acuerdo ni de mi nombre ni del tuyo.

Espero con ansias que se me vaya este dolor,
pero es tan calentito que siento que, si me alejo,
mi corazón se volverá a enfriar.

Porque siempre que escuche nuestra canción,
te recordaré y hasta te manifestaré para que vuelvas
a quererme o simplemente a verme.

¿Alguna vez me amaste?

Creo que nunca me amaran como yo amé,
pero yo acaso sé amar sin pensar en el daño que se me hizo...

El amor para mí es algo de por vida, tan sano,
hermoso y relajado... Quisiera que te dieras cuenta
de que soy una estrella, pero me confundes con un satélite.

«Dime si tú quieres ir conmigo a todas partes», dice la canción
de Kevin Karl, pero pocos se atreven a ir a casa de mis padres.

No quiero sonar cursi, pero solo quiero a alguien
que sepa escuchar como yo escucho y animar como
una animadora cuando ganan un partido, no como
mimo que quiere una moneda a cambio de gesto
sin importar de dónde venga.

La esfera de lágrimas

Probablemente, siempre estuvo esa esfera acompañándome
y esperando como un ladrón para acecharme o incluso matarme.

Pero yo siempre lo confundía conmigo, nos parecíamos tanto...
Él robaba y yo me robaba mi alegría sin darme cuenta siquiera.

Mis lágrimas me robaban la paz,
pero también me la daban al echarlas sin más,
lo cual me generaba aún más confusión.

Las palabras y los actos hacían que esa esfera explotase
y mis lágrimas salieran sin ningún sentido para juntarse
conmigo y robarme la calma.

Éramos y seremos el dúo perfecto para el allanamiento de morada,
la morada de mi corazón, la cual se quedó sin paz ni corazón.

No puedo más

Quisiera que sintieras cada dolor que me haces sentir, cada palabra de indiferencia ante mi sufrimiento pesimista, aunque eso conlleve convertirte en mí en cierto modo.

Amaría que pensaras en mí como yo lo haga cada segundo y admiraría que te des cuenta de cada vez que algo me duele, aplaudiría inclusive ese amor genuino aunque esté dolida contigo.

Esperaría que hicieras estas cosas aun sabiendo que nunca pasarán, porque no se puede volver a nacer ni yo puedo repetir esa flor que hice con tanto cariño, aunque se marchitará, e inclusive se vuelve cansada y agotada.

No me gustaría que lo vieras, pero lo ves
y te haces a un lado. Sigues, aunque duela cada patada,
cada miga de confianza que desperdiciaste, porque,
cuando te di mi mano, cogiste hasta mi cuerpo.

Dedicatoria

Este libro está dedicado a mi miniyó, dado que ella sabe todo lo que ha tenido que superar y lo que falta, por cada lágrima que ha hecho que suelte esta pequeña parte de mí que os permito leer, cada sollozo en el silencio en medio de la noche sin dejarme dormir porque ese pensamiento no me dejaba descansar. Porque esto marca un antes y un después en mi forma de querer y de comprender el mundo que me rodea, porque sentir es maravilloso y nadie me hará pensar lo contrario. Porque la nostalgia, la tristeza siempre han sido mis mayores aliados en los momentos más oscuros y siempre lo serán.

Porque para mí amar va más allá de cualquier sentimiento que se pueda describir con simples palabras, porque amar es entender el dolor que te hace sentir y arrullarte en aquellos sentimientos que nunca entendiste, porque amar es un arte y no todo el mundo puede atreverse a hacerla ni a sentirla.

Agradezco eternamente a todo mi círculo cercano, porque muchos de mis sentimientos nacieron gracias a la magia de conocernos y al arte con que me han querido. Mi madre es uno de los mejores ejemplos de amar que más me ha enseñado a lo largo de mi vida.

Te quiero eternamente, mamá.